PROJET

SUR LA

COLONISATION D'AFRIQUE.

AU LECTEUR.

Nous demandons avec instance aux lecteurs consciencieux de vouloir bien pousser jusqu'au bout la lecture de cet opuscule, avant de porter un jugement favorable ou défavorable sur les aperçus qu'il renferme, et aussi de ne pas nous ménager une critique amie ; nous l'appelons de tous nos vœux, laissant de côté tout amour-propre d'auteur, et heureux si les efforts que nous tentons aujourd'hui peuvent donner naissance à quelques idées plus efficaces que les nôtres.

PROJET

SUR LA

COLONISATION D'AFRIQUE,

EXPOSANT

LES MOYENS DE DÉGREVER LA DETTE PUBLIQUE

DE DEUX MILLIARDS

ET LE BUDGET DES DÉPENSES

Que pourrait nécessiter cette Colonisation.

SAINT-QUENTIN.

Typographie Ad. MOUREAU, Lithographe, grand'place, 7.

1849.

INTRODUCTION.

La Colonisation de l'Algérie doit être le résultat d'un des actes les plus glorieux de la République française.

Pour formuler d'une manière précise le plan de cette Colonisation, tel que nous l'avons rêvé, nous voulons :

Civiliser l'Afrique, appeler sous l'étendard Français les indigènes des contrées voisines, leur inspirer le véritable amour de la gloire et de l'industrie ; en un mot, faire naître chez eux une nationalité respectée et indépendante ;

Créer de vastes ports, des arsenaux, des chantiers maritimes, une marine redoutable, tant nationale que commerçante, une industrie capable de rivaliser avec celle de la nation anglaise ;

Sous le rapport de l'Agriculture, faire de l'Afrique, suppléant jusqu'à un certain point à nos colonies, un grenier d'abondance pour la France et les pays voisins ;

Sous le rapport des finances, dégrever la dette publique des milliards dépensés pour l'Algérie, et le budget de tous les frais qu'elle occasionne et occasionnera encore, et mettre cette colonie à même de satisfaire à toutes ses dépenses à venir ;

Offrir à tous les hommes aimant le travail, un asile où ils puissent utiliser leurs bras d'une manière productive, et en rapport avec leurs aptitudes ; leur faire apprécier les avantages de la propriété légalement acquise, et les mensonges de tant de théories inapplicables et perfides ;

Faire affluer en Afrique les capitaux des puissances étrangères, au lieu de les laisser porter chez la nation Britannique, en rendant les produits africains préférables aux produits anglais ;

Intéresser toutes les puissances étrangères à la prospérité industrielle et agricole de l'Afrique ;

Rembourser aux contribuables les 45 centimes, en intéressant les départements dans cette colonisation ;

Tel est le but que nous avons cherché à atteindre ; il nous reste à indiquer les moyens qu'il faudra mettre en œuvre.

CHAPITRE PREMIER.

Des Travaux a Exécuter.

Pour arriver à coloniser l'Afrique, il faut la rendre puissante au dedans et au dehors, et offrir aux colons de sûres garanties de travail et de tranquillité.

On ne pourra obtenir ce résultat, à notre avis, qu'en procédant de la manière suivante :

On devra créer de vastes ports bordant tout le littoral, des chantiers maritimes auprès de ces ports, des arsenaux de distance en distance, quelques forts détachés sur les limites du petit désert, des villages, des bourgs, des villes aux endroits les plus convenables. Le plus grand nombre de ces villes seraient destinées à l'industrie et établies dans les situations les plus voisines des houilles ; elles ne seraient pas très-vastes, mais pourraient être disséminées sur tous les points de l'Afrique ; chacune aurait son genre d'industrie ; autour d'elles viendraient s'agglomérer les populations des campagnes ; et de cette fusion résulteraient les plus heureux effets pour l'agriculture et l'industrie.

Sur le Continent, les industries en coton appartiennent généralement à chaque village ; c'est là que les marchandises se confectionnent pour le compte des fabricans, et c'est une des raisons pour lesquelles elles sont moins parfaites chez nous, quant à leur fabrication, qu'elles ne le sont en Angleterre. En Afrique, il n'y aurait point de fabriques, point de villages où l'on confectionnât ; chaque marchandise sortirait d'un atelier spécial, offrant toujours la même qualité et la même nature, à chaque établissement sa spécialité : établie sur ces bases, l'industrie Africaine pourrait marcher de pair avec celle de nos voisins d'Outre-Mer.

CHAPITRE II.

Voies et Moyens d'Exécution.

Des travaux d'une si grande importance ne peuvent être entrepris que par un Gouvernement fort. Des compagnies particulières y trouveraient leur ruine, et leur manière de procéder serait d'ailleurs trop lente.

Pour assurer l'exécution rapide d'une entreprise aussi colossale, voilà la marche que nous traçons, en la soumettant au Gouvernement :

1°. Organiser une armée active de 200,000 hommes ;

2°. Une autre armée de réserve de 300,000 hommes ;

3°. Une troisième composée de travailleurs seulement, du même chiffre. — Total : 800,000 hommes.

La première occuperait les postes militaires, et, conjointement avec une partie de l'armée de réserve, effectuerait les défrichements des terres et la construction des grandes artères de circulation. L'armée des travailleurs compterait deux divisions. La première, appliquée à la construction et entretien de tous les ports, de tous les chantiers maritimes, des arsenaux et des forts ; la seconde, à tous les travaux d'agriculture et d'industrie, édification des villages, des bourgs, des villes industrielles et aux travaux des moissons pour le compte des Colons ou du Gouvernement.

Cette armée de travailleurs serait aidée par la partie de l'armée de réserve apte aux travaux de construction et de terrassement.

Ces armées de réserve et de travailleurs, obéissant à une discipline militaire et commandées par ces officiers en retraite, seraient le résultat d'embrigademens volontaires à soldes fixes ou à la tâche.

Les travaux dont nous venons de parler au chapitre précédent étant rapidement achevés, le sol Africain présentera l'aspect d'une nouvelle France, et sera prêt à recevoir les colons volontaires tirés de ces armées ou des départements.

CHAPITRE III.

RÉFLEXIONS GÉNÉRALES SUR L'AGRICULTURE ET L'INDUSTRIE.

Nous avons déjà dit et nous répétons encore que tous les travaux ayant rapport à l'Agriculture et à l'industrie, seront entrepris et exécutés par le Gouvernement, au moyen des armées de travailleurs et de réserve ; ainsi pas de spéculations à redouter, et certitude que l'argent avancé par l'Etat sera employé uniquement au profit du sol africain, garantie que ne pourraient offrir les sociétés particulières ni les associations d'ouvriers. Pour ménager aussi les intérêts étrangers et assurer la perfection des établissements industriels, on pourrait, toutes les fois que leur supériorité serait démontrée, tirer les machines des ateliers de l'Angleterre.

Nous soutenons que, dans l'intérêt de la colonisation et de l'Agriculture, les fermes ne doivent pas renfermer plus de 10, 25 ou 50 hectares de terre, car il convient d'en multiplier, autant que possible, le nombre, puisque nous voulons surtout faire des propriétaires et non des gens à gages ; ne laissons pas oublier que ce nom de propriétaires ne peut être que le résultat d'un travail assidu et de profits acquis sur le sol même ; nous ne craignons donc pas de nous mettre en opposition avec la mesure des concessions gratuites, qu'on a faites jusqu'aujourd'hui.

D'après notre système, chaque famille peut cultiver ses terres et n'a d'ouvriers que pour les travaux extraordinaires ; ces ouvriers se trouveront parmi les indigènes et seront dominés par les maîtres, fermiers et Colons à la fois.

Chaque village présentera ainsi une population déjà importante, chacun appelé à posséder et intéressé à maîtriser toute rébellion et toute introduction d'idées fausses. Cette population s'accroissant et prospérant sans cesse permettra à la civilisation d'arriver sans secousse et d'une marche facile au plus haut degré de prospérité et de s'étendre sans obstacle.

L'Agriculture offre une limite dans le nombre des bras qu'elle peut employer, tandis que l'industrie basée sur le système que nous présenterons plus loin, appellera à elle toutes les populations du Continent et des pays étrangers ; accessible à tous, elle étendra ses bienfaits sur tous, car ses produits trouveront une exploitation facile en vertu des avantages qu'elle présentera; le numéraire étranger suivra cette impulsion, donnera d'année en année plus de valeur aux propriétés, au sol et à ses produits ; nous verrions ainsi se réaliser cette pensée consolante qu'il ne peut plus y avoir de surabondance de population, ou que du moins les misères causées par cette surabondance, ne sont plus irrémédiables.

Nous ne croyons pas avancer une vérité banale en disant que l'industrie pour une colonisation nouvelle est un des points essentiels; mais pour en assurer l'établissement et les progrès, on ne peut espérer que des capitalistes viendront de suite fonder des usines industrielles et agricoles, et risquer des capitaux dans un pays neuf ; au contraire, ces établissements étant créés et meublés par l'Etat, il se trouvera, sans doute, des industriels français et étrangers, désireux de les exploiter et de fonder des comptoirs, dans le but de donner plus d'éclat à leur commerce du Continent.

Qu'on ne craigne pas que l'industrie française ait à souffrir de l'extension que nous voulons donner à celle de la colonie; nous n'avons jamais pu rivaliser sous ce rapport avec l'Angleterre; nous ne pourrions espérer le faire qu'avec le secours des primes, et cette mesure serait désastreuse pour nos finances. Ce que nous ne faisons point en France, nous pouvons le faire en Afrique, et cela dans un double but d'intérêt ; augmentation de valeurs des terres de la conquête et moyen assuré d'offrir à tous les individus laborieux les avantages futurs de la propriété. En mettant le pied sur le sol d'Afrique, les nouveaux indigènes seront rendus à leurs travaux habituels que n'interrompront plus des grèves forcées comme en France, comme en Angleterre ; ils trouveront de plus 800,000 Français acclimatés et disciplinés qui les recevront comme des auxiliaires amis.

CHAPITRE IV.

RÉFLEXIONS SUR LES FINANCES.

Si le Gouvernement Français ne veut point faire de l'Algérie une colonie de premier ordre, en état de suffire à ses dépenses par elle-même, cette conquête sera pour nous la ruine de nos finances. Supposons l'Algérie laissée dans la position où elle se trouve aujourd'hui et ne recevant sa civilisation que du temps, les dépenses qu'elle occasionnera seront de 100,000,000 par an, c'est-à-dire de plus d'un milliard au bout de 10 années, et de trois milliards avec ce qui a déjà été dépensé pour elle, et cependant l'Afrique ne serait point encore une colonie satisfaisant notre orgueil national et le sien propre; elle ne pourrait servir d'asile à la surabondance de notre population, ne serait point enfin un pays industriel tel que nous le voulons. La nation Française aime avant tout la gloire; elle sait se plier aux sacrifices, mais à la condition que ces sacrifices seront productifs; elle est habituée serait dit que l'Afrique soumise à la domination française , ayant des liens commerciaux avec toute l'Europe , ne pourrait jouir d'une dette spéciale , garantie par des valeurs réelles.

Il nous paraît évident qu'une dette Africaine , venant à être créée , elle sera acceptée partout , même par la France, parce que nos capitalistes y verront des avantages pour leur pays, pour l'Afrique et pour eux.

erait dit que l'Afrique soumise à la domination
rançaise, ayant des liens commerciaux avec
oute l'Europe, ne pourrait jouir d'une dette
péciale, garantie par des valeurs réelles.

Il nous paraît évident qu'une dette Africaine,
enant à être créée, elle sera acceptée partout,
même par la France, parce que nos capitalistes
verront des avantages pour leur pays, pour
Afrique et pour eux.

CHAPITRE V.

Mode d'Emission et de Placement.

—

ıı ѕerait créé une dette de 600 millions de rentes, qui n'aurait pour garantie que le sol Africain, et ses produits, portant un intérêt de 5 p. % et remboursable année par année. Sur ce chiffre, 100 millions seront appliqués au remboursement des sommes dues à la France pour couvrir son trésor des dépenses faites et annuler d'autant sa dette publique en 5 p. %, ce qui s'effectuerait à mesure que ces 100,000,000 de la dette Africaine seraient placés ; 100,000,000 seraient employés à faire face à toutes les dépenses de l'Afrique, tant en travaux qu'en frais d'Administration et d'armée. On négocierait les autres 300 millions pour servir les intérêts de cette émission de 600 millions, car il né faut point se dissimuler que de long-temps l'Algérie ne pourra rapporter de quoi payer les intérêts de ce capital, et pour assurer les services de ces intérêts, il faut, à l'avance, augmenter la dette.

En procédant ainsi, la France ne serait point considérée comme oppresseur de l'Afrique ; elle laisserait à ce pays le temps de se consolider et de prospérer, et de faire reconnaître sur toutes les places que la dette Africaine a une existence réelle, nous disons dette Africaine, parce qu'elle se rattachera à tous les intérêts des peuplades d'Afrique. Ces rentes Africaines, si elles étaient émises directement par le Gouvernement, pourraient favoriser l'agiotage dans leur émission, tandis que si on trouvait le moyen de les faire accepter sur les places de commerce en échange de produits, cette émission s'effectuerait plus facilement, et tout ce qui est commerce se trouverait intéressé à leur existence. De même, s'il était possible d'intéresser les populations de la mère-patrie à les accepter, elles commenceraient immédiatement à avoir un cours et inspireraient de la confiance aux puissances étrangères. Nous allons exposer différentes manières de favoriser l'émission de ces rentes.

I.

Sur les 100 millions de rentes attribuées au Trésor, le gouvernement Français rembourserait les 45 centimes, contribution révolutionnaire, en rente 5 %, de la dette Africaine au pair ; cette mesure serait bien accueillie par la population ; elle intéresserait la nation Française aux progrès

de la colonisation de l'Algérie. Ce serait un acte
de justice qui ferait reconnaître que notre pays
peut être sujet à des révolutions, mais que la
tranquillité renaissant, il sait rentrer dans les
lignes de la légalité. (1).

II.

Nous voulons établir un entrepôt sur des bases à peu près pareilles à celles de la Banque de
France, et dont l'utilité serait pour l'Afrique ce
qu'est la Banque de France pour nous ; son siége
serait à Paris, correspondant avec toutes ses
succursales et ses comptoirs. Les attributions de
cet entrepôt, son organisation et les services
qu'il pourra rendre, seront développés dans un
article spécial.

---

(1). Les 100 millions de rentes dont nous parlons, seraient
répartis par arrondissement, selon l'importance des contributions ; chaque arrondissement rembourserait en numéraire
toutes les cotes jusqu'à 100 fr. de contribution, et toucherait,
en échange de ce remboursement, la totalité de la contribution restituée.

Pour indemniser les contribuables de l'impôt prélevé et du
remboursement en numéraire des petites cotes, il leur serait
accordé une somme égale à cet impôt, à la condition que, dans
chaque arrondissement, serait constituée une société anonyme
en actions, représentant la cote de chaque contribuable. Cette
société anonyme aurait pour objet d'envoyer en Afrique des

III.

La France, en enrichissant l'Algérie, enrichit l'Afrique elle-même. Toutes les contrées environnantes de l'Afrique se ressentent déjà des bienfaits de la civilisation que nous leur apportons chaque jour ; les bras sont utilisés, les denrées recherchées, et le numéraire Français entre dans les coffres Africains pour n'en plus sortir.

Mais, en retour de ces sacrifices que le Gouvernement français fait pour elles, les tribus Africaines doivent accepter toutes les valeurs que la France émettra dans l'intérêt de sa Colonie ; et comme mesure de garantie, ces tribus seront soumises à des contributions militaires qu'on

---

colons, afin de cultiver ses terres. Son capital reposerait sur les 45 centimes qu'on lui allouerait subsidiairement, et serait employé de la manière suivante :

2/4 pour payer au gouvernement les terres qu'elle achèterait.

1/4 employé pour l'acquisition des instrumens aratoires, bestiaux, etc.

Et le dernier 1/4 formerait le fonds de roulement de la société.

Ces deux derniers quarts, représentés par des rentes Africaines, pourraient être échangés par la société près de l'entrepôt, en billets de Banque ayant cours forcé en Afrique, dont il sera question plus tard.

leur rembourserait en rentes Africaines. De là,
résulteraient l'existence d'une dette nationale et le
désir intéressé de toutes les contrées d'Afrique à
ne former qu'une seule nation sous la puissance
bienfaisante de la France.

On objectera peut-être que cette espèce de nationalité dont nous voulons douer notre conquête, pourra devenir pour elle une cause de
révolte contre la mère-patrie, et le signal d'une
guerre d'indépendance. A cela, nous répondrons
que tous les peuples soumis, auxquels on fait
sentir trop pesamment le joug, en viennent tôt
ou tard à une rébellion ouverte. Faut-il citer
l'Irlande, l'Italie, la Hongrie, etc. ? Le meil-
leur moyen de prévenir une division, c'est d'attacher, par des intérêts matériels, les pays con-
quis au pays conquérant, et de les identifier
avec lui en leur créant un esprit de nationalité.

Toutes les améliorations, tous les perfection-
nemens apportés par l'Etat, se trouveraient cou-
verts par le moyen des rentes Africaines. Plus
de nécessité d'emprunts pour les colons, ex-
cepté peut-être pour attendre l'époque des récoltes. Il n'y a rien de si dangereux pour un
pays nouveau que de donner trop de facilité
aux emprunts partiels ; une telle mesure occasionne des gênes dont se ressentent et la métropole et la Colonie ; mais les dépenses étant
faites par l'Etat, la [dette d'Afrique se trouve
augmentée avec ses valeurs représentatives ; vous

faites de la Colonisation, l'œuvre de l'Etat, et non celles de ressources privées ; vous nationalisez la dette, et dès-lors, elle est plus facilement acceptée par toutes les places de l'Europe; vous évitez une masse de valeurs en circulation se dépréciant l'une l'autre , et vous donnez de la consistance à celle que nous voulons faire émettre par l'entrepôt, cette grande institution nationale ; vous facilitez l'acquisition des propriétés par les Colons, à mesure de leur prospérité ; vous les faites payer avec les produits seuls qu'ils en retirent, et vous leur ôtez la facilité d'emprunter ; vous les habituez à s'enrichir par l'économie, par le travail, et vous ne les laissez pas maîtres de disposer de leurs produits pour quitter le sol et pour se créer des idées ambitieuses qui font toujours la perte des nations. Vous faites enfin rechercher ces rentes Africaines par la population, puisque vous les admettez en paiement des terres que vous rendez aux Colons et autres.

Nous ne pensons pas, comme l'ont fait ceux qui ont traité ce même sujet, qu'il soit à propos de faire des concessions gratuites qui n'ont d'autre résultat que de dépouiller l'Etat, de profiter seulement à la spéculation, et de n'assurer la propriété à personne. Il faut que le gouvernement tire intérêt de l'hectare de terre qu'il loue et donne aux Colons les moyens d'arriver à posséder, mais sans leur laisser ignorer, toutefois, les peines qu'il faut endurer pour acquérir et aussi pour conserver. Après cette épreuve, il deviendra évident pour eux, *que si la propriété est un vol,* cette nouvelle manière de voler coûte bien des peines à son auteur, et qu'en somme, elle fait profiter bien des individus sans dépouiller personne.

CHAPITRE VI.

Moyens de Colonisation.

La Colonisation peut s'effectuer par deux moyens, par *l'armée et les moyens civils.*

Nous considérons comme armée tous les hommes qui se trouveront embrigadés et employés aux différens travaux. Ces brigades seront commandées par des officiers supérieurs afin d'y établir et maintenir la discipline. Nous serions heureux de voir ainsi utiliser le cadre des officiers en non activité.

Nous comprenons par ces mots : *moyens civils,* la Colonisation qui résultera des convois faits par les départements, d'individus venant s'établir séparément en Afrique pour y bénéficier des avantages du sol et des industries qui s'y établiront.

Selon nous, on doit employer simultanément l'un et l'autre de ces moyens.

Quant aux systèmes d'association qu'on voudrait établir entre les Colons, c'est une idée que nous repoussons de toutes nos forces. Les habituer à être maîtres chez eux, leur faire reconnaître les avantages de la propriété, leur éviter des dissensions d'intérêt, voilà les seuls moyens d'apporter dans ce pays nouveau une civilisation rapide.

Une colonisation établie sur de pareilles bases serait profitable à tous les genres de culture ; toutes les industries s'y trouveraient représentées et mises en œuvre par des ouvriers français habiles, qui deviendraient chefs d'ateliers en Afrique et formeraient des ouvriers capables de leur succéder.

Comment constituer ces sociétés dans les arrondissements ? Comment les déterminer à s'associer à la colonisation d'Afrique ? Ce sera une des questions que nous traiterons dans l'article des sous-entrepôts.

Mais, ce qui est certain, comme il a été déjà dit dans plusieurs projets, ce qui a manqué à la colonisation d'Afrique, c'est que les colons arrivant sur cette terre se trouvaient sans habitations, sans travail assuré, et qu'en somme, le séjour de l'Algérie ne leur offrait qu'une existence aussi précaire que celle qu'ils pouvaient rencontrer en France ; tandis que nous, nous présentons à tous les Colons un travail assuré au moyen des embrigadements volontaires, et par suite, des habitations, des cultures ; et toutes ces dépenses se font sans grever la dette de la métropole.

Nous supposons qu'une partie des Colons volontaires venant en Afrique amèneront avec eux femmes et enfants ; mais il n'en pourra être de même de ceux qui auront été précédemment embrigadés, ou qui le seront par la suite. Est-ce à dire qu'il leur faudra renoncer aux liens du mariage, aux douceurs de la famille ? Devront-ils venir en France contracter des unions ? D'un autre côté, les fabriques ne réclament-elles pas le travail des femmes comme celui des hommes ? Comment subvenir à toutes ces exigences ? Consultez les statistiques ; vous avez à Paris et dans les départements de pauvres femmes sans moyen d'existence, sans famille, et qu'attend tôt ou tard la corruption de nos capitales. Vous faites pour les hommes des transports annuels ? que n'en faites-vous aussi pour les femmes ? Vous avez fait des embrigadements pour les travailleurs ? que n'en faites-vous pour les travailleuses ? Les secours que vous ne pouvez leur offrir en France, elles les trouveront en Afrique, nous entendons les moyens de vivre et de se conserver honnêtes. L'administration les distribuera partout où il en sera besoin, sous la direction d'un certain nombre de femmes qui offriront toutes garanties de moralité et d'expérience. Devenues bonnes ouvrières, ces jeunes filles deviendront la richesse des bons travailleurs. De

CHAPITRE VII.

Mode d'Exploitation.

Toutes les productions de nos climats, nous les retrouvons en Afrique; nous en trouvons d'autres encore qui n'appartiennent qu'à nos colonies d'Amérique. Mais, pour exploiter ces terres Africaines et leur faire porter leurs fruits naturels, il faut en remettre la direction à des hommes habiles, agents du Gouvernement. Ils éclaireraient de leurs conseils, de leur expérience, les Colons tirés des embrigadements et destinés à cette sorte d'exploitation.

Dans chaque village, serait un Représentant du Gouvernement, chargé de la surveillance de la culture, et un entrepôt dans chaque chef-lieu de canton (¹).

D'un tel état de choses, découleraient plusieurs avantages :

(¹) Le moyen que nous croyons le plus favorable pour tous ceux qui voudront exploiter des propriétés en Afrique serait celui-ci :

CHAPITRE VII.

Mode d'Exploitation.

Toutes les productions de nos climats, nous
s retrouvons en Afrique; nous en trouvons
autres encore qui n'appartiennent qu'à nos
lonies d'Amérique. Mais, pour exploiter ces
rres Africaines et leur faire porter leurs fruits
turels, il faut en remettre la direction à des
mmes habiles, agents du Gouvernement. Ils
laireraient de leurs conseils, de leur expé-
ence, les Colons tirés des embrigadements et
stinés à cette sorte d'exploitation.

Dans chaque village, serait un Représentant
Gouvernement, chargé de la surveillance de
culture, et un entrepôt dans chaque chef-lieu
canton (¹).

D'un tel état de choses, découleraient plu-
eurs avantages :

___

(¹) Le moyen que nous croyons le plus favorable pour tous
ıx qui voudront exploiter des propriétés en Afrique serait

1°. Des usines agricoles disséminées dans toutes les parties de l'Afrique leur offriraient le moyen d'utiliser le produit de leurs cultures, soit pour les cotons des machines à égrener, pour les indigos des indigoteries, pour les graines oléagineuses des huileries, pour les cannes des sucreries, etc.

2°. Facilité d'écoulement pour les produits au moyen des entrepôts.

3°. Le Cultivateur débarrassé du soin de placer le fruit de ses récoltes et de faire face à ses engagements. Chaque entrepôt serait un marché où l'on viendrait de toutes parts s'approvisionner ; point de concurrence entre les cultivateurs pour les prix, et assurance tant pour le colon que pour l'acheteur de ne point passer par une spéculation intermédiaire. Ce mode de vente aurait lieu pour les objets à expédier en Europe comme pour ceux qui doivent être consommés en Afrique. Nous en exceptons les produits nécessaires à l'existence de chaque ferme. (1)

Offrir aux fermiers tous les avantages de la basse-cour et la moitié de la récolte, avec la facilité, soit pour lui, soit pour le propriétaire, de réaliser les bénéfices de cette récolte par le moyen de l'entrepôt. L'Agent du Gouvernement dans chaque commune présiderait au partage, par la suite le fermier pourrait traiter avec son propriétaire.

(1) Ces entrepôts de canton offriront les moyens d'organiser des Sociétés anonymes dans chaque arrondissement de la métropole en donnant aux fermiers la certitude de prospérer, aux propriétaires celle de réaliser facilement leurs récoltes.

CHAPITRE VIII.

DES USINES AGRICOLES.

En France, les usines agricoles, telles que sucreries, huileries, etc., sont d'un grand intérêt. Pour engager tous les Agriculteurs à porter un soin particulier aux produits dont les résidus peuvent nourrir les bestiaux, il faudrait offrir les moyens de placer ces produits avec les mêmes avantages, que si eux-mêmes étaient industriels et possédaient des fermes assez importantes pour qu'on pût y attacher des usines. Jusqu'à présent, il n'y a que de forts propriétaires qui jouissent de ces avantages.

C'est dans le but d'y faire participer les propriétaires de toutes les classes que se forme en ce moment une société, ayant pour objet de créer une ou plusieurs usines dans chaque canton rural et d'offrir ainsi à tous les cultivateurs généralement les avantages qu'a recueillis jusqu'ici la grande culture seule.

Si en France les usines agricoles sont utiles,

elles sont indispensables en Afrique, qui, pour l'exploitation de ses produits, soit en coton, soit en indigo, soit en sucre, ou en graines oléagineuses, a besoin de mécaniques. Aussi l'agriculture ne progresse-t-elle pas aussi rapidement qu'elle devrait le faire, parce que ces usines agricoles n'y sont point encore établies. Comment les créer ? Trouvera-t-on des capitalistes qui viendront exposer des capitaux pour leur établissement ? En admettant même qu'ils se hasardassent à en faire construire, ils ne voudraient point opérer dans les limites indiquées. Ils rêveront spéculation, établiront cette industrie agricole sur des bases aussi vastes que l'industrie manufacturière existant en France ; ils en feront une affaire personnelle de monopole ; en procédant ainsi, tous les bons résultats que nous attendons seraient impossibles, car nous verrions en Afrique l'industrie agricole devenir l'apanage de quelques établissements considérables, comme en France aujourd'hui, où l'Agriculture en général ne jouit pas des avantages des usines agricoles. (¹)

---

(1) Nous citerons ici, pour corroborer jusqu'à un certain point notre opinion, tout un passage que nous empruntons à un excellent article de la MAISON RUSTIQUE, article *betteraves*, tome 2, folio 45 :

« Si la culture de la Betterave n'offre que des pratiques fort
« simples et généralement connues, il n'en est pas de même de

CHAPITRE IX.

Organisation de l'Entrepôt.

A l'égard de cet entrepôt, nous avons déjà cherché à faire apercevoir les bons effets qu'il pourrait amener comme intermédiaire, soit entre le Colon et l'étranger pour le trafic des produits, soit entre le Gouvernement et les autres nations, pour le placement des rentes et des denrées d'Afrique.

Voici les bases sur lesquelles il reposerait.

« l'extraction du sucre qui exige des connaissances chimiques,
« de l'intelligence et de l'habileté, et enfin des capitaux assez
« considérables ; par conséquent elle n'est point à la portée de
« tous les cultivateurs, mais elle offre aux riches propriétaires
« un emploi doublement avantageux de leurs capitaux qui
« viennent ainsi enrichir et augmenter la valeur des fonds de
« terre et introduire dans les assolements d'immenses amélio-
« rations. Les avantages de la culture de la betterave ne se ré-
« partiront sur tous les cultivateurs que quand les fabriques de
« sucre, au lieu d'être une propriété particulière, seront en
« quelque sorte un établissement banal, créé pour le service

Afin de lui offrir des communications plus directes avec les nations étrangères, on fixerait son siége à Paris, ce point central où tout vient affluer. L'entrepôt trouvera ainsi le moyen de placer avec plus de succès ses rentes Africaines, dont il ne fera pas un objet de spéculation, mais bien de négociations avec les autres places de l'Europe, car ces rentes seront données en paiement par l'entrepôt pour tous les achats qu'il fera à l'étranger.

Cet établissement gouvernemental, par l'administration loyale et digne que lui donneront les hommes placés à sa tête, rendra à notre commerce extérieur ce cachet de grandeur dont il

---

« d'un certain nombre d'habitants du même canton. En effet,
« dans l'état actuel des choses, la création d'une fabrique de su-
« cre de betterave exige une mise de fonds considérable, et tandis
« que le propriétaire de cette fabrique, à moins qu'il n'ex-
« ploite par lui-même une immense étendue de terrain, est
« sous la dépendance des cultivateurs voisins qui peuvent s'en-
« tendre pour lui fournir des racines à un prix exorbitant, ceux-
« ci sont eux-mêmes aussi dans sa dépendance, puisqu'ils ne
« peuvent vendre leurs betteraves qu'à lui seul ; d'où il résulte
« qu'il y a réciproquement incertitude dans les placements.
« D'une autre part, il est difficile qu'un grand établissement
« ait une qualité suffisante de bestiaux pour consommer les ré-
« sidus des bestiaux, et il en résulte qu'on est obligé de les
« donner à vil prix ou de les laisser perdre. Ces considérations
« ont engagé la Société d'encouragement pour l'industrie na-
« tionale, à proposer un prix de 4,000 fr. en faveur de l'as-

brillait anciennement et qui avait placé si haut notre réputation commerciale.

Nous établissons des succursales dans tous les ports de mer de France et un comptoir principal à Alger, avec des sous-comptoirs dans tous les chefs-lieux de canton d'Afrique. C'est à ces sous-comptoirs que chaque cultivateur apportera les produits de sa récolte sur lesquels des avances lui seront faites ; après quoi, la vente aura lieu par l'entremise des sous-comptoirs avec les mêmes avantages pour le vendeur que s'il correspondait lui-même avec tous les lieux de consommation. Par le fait, chaque sous-comptoir deviendra un marché général. De là,

---

« sociation Agricole, formée pour l'exploitation d'une fabrique
« de sucre de betterave dont le but principal serait de concou-
« rir à l'amélioration de la culture de chaque membre de l'As-
« sociation, en lui fournissant les moyens de nourrir réguliè-
« rement un plus grand nombre de bestiaux et de participer
« aux avantages de la culture de la betterave et de l'extraction
« de son sucre que des moyens bornés ne permettraient pas
« d'entreprendre individuellement. Ce prix a été remporté par
« l'Association de 15 propriétaires, formée à Sainte-Clair
« (Isère), qui a été aussitôt imitée dans le même département
« et dans celui de la Drôme par plusieurs établissements sem-
« blables. Faisons des vœux ardents pour voir se répandre une
« branche d'industrie agricole très-productive et un mode d'ex-
« ploitation qui fera participer à ses avantages l'universalité
« des propriétaires et des fermiers. »

Bailly de Merlieux.

une certaine importance pour les chefs-lieux de canton.

Le bon effet des sous-comptoirs vis-à-vis des Colons, consistera surtout dans les avances qui leur seront faites à des taux modérés, les empêchant à la fois de se lancer dans des essais souvent dangereux ou de vivre d'une manière qui serait en désaccord avec leur position. Les usines mises en état d'exploitation par le Gouvernement pourraient être exploitées par l'entrepôt avec partage des bénéfices.

Ce nouveau mode d'exploitation nous paraît préférable aux concessions gratuites qu'on a faites jusqu'à présent. Au moins l'Etat serait assuré de voir exploiter les mines qu'il possède.

Que si l'on nous objectait qu'il peut y avoir danger à mettre des moyens d'action aussi puissants aux mains d'une compagnie dont l'influence peut devenir redoutable dans certaines circonstances, nous répondrons que cette influence, dont on s'effraie à tort, reste en partie aux mains du Gouvernement, puisque toutes les nominations de l'entrepôt relèvent de lui par le fait du Directeur général.

La Banque de France n'a atteint le degré de confiance dont elle jouit, que par sa toute puissance et la haute composition de son Administration. Admettons la Banque entre les mains du Gouvernement, son crédit n'eût été qu'un crédit forcé. Les chemins de fer ont compromis le crédit, ont menacé le pays de secousses, ont endetté l'Etat, parce que l'Administration des chemins de fer n'était pas unique, mais partagée en diverses compagnies, spéculant sur les chances du Gouvernement. A supposer qu'il n'eût existé qu'une compagnie de chemin de fer, comme la chose a été proposée, se chargeant de la négociation du capital nécessaire (un milliard deux cents millions), la France aurait eu tous ses chemins de fer promptement effectués, sa dette non augmentée, ne courant d'autre risque qu'une différence d'intérêts. Ainsi, le Trésor n'aurait rien avancé et aujourd'hui les revenus des chemins de fer auraient servi l'intérêt de 4 p. %, y compris l'amortissement que l'Etat devait garantir. Il n'y aurait eu sur les places de Commerce que 200,000,000 d'actions et un milliard d'obligations assimilées aux obligations de la ville de Paris.

L'Etat ne se serait-il pas mieux trouvé de cette combinaison, et le Commerce aurait-il ressenti toutes les secousses qu'il a éprouvées? Quant aux provinces, n'y auraient-elles pas trouvé un avantage? Tous les lieux traversés par les chemins de fer auraient reçu un centime par 4 kilomètres pour les travaux des localités. Les maîtres de poste auraient joui de cette même indemnité pour conserver les relais, et faire le service des chemins de fer à prix débattu avec le Gouvernement, le centime n'étant que l'indemnité de leurs charges. Un tel arrangement n'eût point fait abandonner les campagnes pour les villes. Ce projet a été accepté par le chef d'une maison de Banque, justement honoré par son patriotisme et sa haute probité. Il se chargeait de la négociation des 1,200,000,000; mais cette offre fut repoussée par M. le ministre des Travaux publics.

En thèse générale, toutes les grandes entreprises, quelle que soit leur nature, doivent être exécutées par un Gouvernement, avec condition d'en céder l'exploitation à des compagnies. Une telle façon de procéder met la force aux mains de l'Etat et lui permet d'avoir toujours de grands travaux en activité, et groupe autour de lui tous les intérêts particuliers.

Si nous voulons appliquer ce principe à la France, on objectera la pauvreté de nos finances. Mais qu'on réfléchisse que les travaux productifs d'utilité publique ont toujours enrichi le pays qui les exécute.

Il faut, avant tout, amener en France les capitaux étrangers, et pour cela faire diminuer la dette inscrite, et créer une dette spéciale sur tous les travaux rapportant un produit, à laquelle on offrirait les avantages de la spéculation au moyen des primes.

Les sommes avancées pour les chemins de fer, les canaux etc., peuvent présenter un capital de 2,000,000,000; on n'aurait qu'à créer pour

2,000,000,000 d'obligations à l'instar de celles de la ville de Paris , avec chance de grandes primes. On accepterait les rentes 5 p. %, au pair en échange de ces obligations, ou on négocierait selon les circonstances ces 2,000,000,000 au pair pour racheter la rente 5 p. %.

On ne peut se dissimuler que ce remboursement ou conversion doit amener sur la dette inscrite une très-forte reprise, bienfait dont se ressentirait le commerce.

Toutes les fois que le Gouvernement entreprendrait de nouveaux travaux, il ferait un devis de la dépense, en ajoutant au capital de cette dépense, les intérêts pour le temps que devraient durer ces travaux, puis émettrait des obligations auxquelles le public viendrait souscrire comme il le fait pour les bons du Trésor. Le budget ne se trouverait ainsi chargé que de la différence des intérêts , quand les travaux seraient mis en exploitation.

Il en résulterait que le Gouvernement, en confiant l'exploitation de ses chemins de fer, de ses défrichements, de ses canaux etc. , à des compagnies, il retirerait si non la somme nécessaire pour servir les intérêts et l'amortissement de ses créations, du moins une grande partie de cette somme. Les différences seraient une dépense du budget bien compensée par les droits indirects que percevrait l'Etat par suite de la prospérité du pays.

Le Gouvernement pourrait ainsi rétablir les grandes propriétés de l'Etat par suite des défrichemens, dessèchements et reboisements qu'il ferait effectuer; tandis que, par des concessions perpétuelles ou à longs termes, il est soumis à toutes les chances et aux exigences de la spéculation et sans cesse entravé dans sa marche.

Dans les attributions de notre entrepôt, on rangerait encore la surveillance de toutes les usines agricoles construites en Afrique et l'obligation de faire les avances nécessaires aux industriels; car l'agriculture n'a point encore pris en Afrique toute l'extension que son sol lui permet, par cette raison que jusques à présent elle a été privée en partie des moyens de prospérité qui résulteraient de l'établissement des usines agricoles. Le coton n'y est encore cultivé que sur une petite échelle, parce qu'on y manque de machines à égrener et à compression; il en est de même des indigos, des graines oléagineuses.

Il faut donc, pour que l'Afrique jouisse de tous les avantages qu'on peut tirer de son sol, que les cultivateurs trouvent les moyens d'utiliser ses produits. Le gouvernement ne le pourra qu'en établissant lui-même des usines ou en encourageant une compagnie centrale à leur création.

Avant 1789, l'Amérique ne fournissait pas pour 230,000 fr. de coton, et aujourd'hui elle fournit pour plus de 400 millions. Le coton d'Afrique est plus soyeux que celui d'Amérique.

Nous allons maintenant parler du capital nécessaire pour fonder notre entrepôt. Nous ne comprendrons pas dans cet exposé les dépenses que nécessiteront les usines agricoles créées par une Société spéciale.

L'entrepôt, ayant son siége à Paris, offrirait les divisions ci-après :

I.

Administration de la Banque.

Elle ferait les avances à tous les Colons pour les améliorations qu'ils apporteraient sur le sol de leurs propriétés. Ces avances seraient remboursées, soit par des récoltes déposées aux succursales de l'entrepôt, soit en produits manufacturiers remis dans les sous-entrepôts [1].

A l'égard des industriels, les entrepôts feront également des avances sur dépôts de marchandises. Ils escompteront le papier des maisons Africaines, dans des conditions fixées d'avance

---

[1] Il faut éviter, dans une colonie naissante, de faire contracter des billets à des Colons qui, fort souvent, en font un mauvais usage ; tandis que dans cette circonstance, les avances faites aux colons ne pourraient être employées qu'à l'amélioration de leur sol.

par eux-mêmes. Ils remettraient enfin à tous les demandeurs des rentes Africaines, en échange des produits ou de billets de Banque. On faciliterait ainsi aux Colons, qui veulent liquider leur fortune d'Afrique, l'avantage de pouvoir le faire immédiatement, puisque ces rentes auraient un cours sur toutes les places.

Cette Administration se chargerait aussi de négocier toutes les valeurs que chaque ville Africaine pourrait émettre dans son propre intérêt ou dans celui des départements.

Il faut, pour exécuter les travaux nécessaires à la colonisation, et ne pas mettre tous les frais à la charge de la dette Africaine, prévoir que les villes seront obligées de faire des emprunts qui devront être acceptés par les Arabes, puisque c'est une dépense faite dans l'intérêt de leur sol et de la prospérité de leur pays.

II.

Administration des Mines.

Elle serait chargée de l'exploitation de toutes les usines du Gouvernement, dont il retirerait la moitié des bénéfices. Ce sera une compensation à toutes les dépenses que l'Etat aura pu faire pour mettre ces mines en état d'être exploitées, en même temps une certitude que cette exploitation ne sera pas fictive.

Les Etablissements monétaires relèveraient de cette Administration; car il est important qu'il soit prouvé à la population d'Afrique que le papier-monnaie forcé, créé dans l'intérêt des premiers besoins de la rente Africaine, est appuyé de créations monétaires.

III.

Administration des Chemins de fer.

Pour rendre les distances moins grandes ou pour les franchir avec plus de facilité et de célérité, il faut établir en Afrique des chemins de fer comme en Amérique, et au lieu d'avoir la machine locomotive pour moteur, on se servirait de chevaux jusqu'à ce qu'on eût reconnu les ressources que présentent les mines de houille. L'emploi des chevaux serait en même temps une cause d'économie première.

IV.

Administration gouvernementale.

Cette Administration qui sera sous la surveillance immédiate du Ministre du gouvernement, s'occupera spécialement de l'émission :

1°. Des billets de Banque de 1,000 fr., 500 fr., 250 fr., 100 fr., 50 fr., 25 fr. ;

2°. De la négociation des rentes Africaines ;

3°. Des avances qui seront faites en billets de Banque au Gouvernement, sur les rentes Africaines ;

4°. De tous les approvisionnements nécessaires au Gouvernement pour l'armée active et l'armée des travailleurs ;

5°. Des avances faites à chaque Colon, en retour des recettes ou marchandises qu'il aura consignées au dépôt, et du paiement intégral après la vente desdites marchandises;

6°. Du réglement des sommes reçues des Colons pour le compte des Sociétés anonymes des départemens (1).

V.

Administration des avances sur les objets fabriqués et exportés.

1°. Il y aura, en Afrique, dans les villes industrielles, des dépôts où tous les établissements apporteront leurs marchandises qui seront exportées ou vendues pour leur compte, moyennant une commission qui sera attribuée à l'en-

---

(1) Comment déterminer les départements et les arrondissements à créer des sociétés anonymes pour exploiter les terres qu'ils y auront acquises, si ces Sociétés ne sont pas assurées d'un contrôle exact des récoltes des Colons et de leur vente par l'entrepôt.

trepôt général ; sur le dépôt de ces marchandises, chaque établissement recevra des avances et des matières premières pour l'exploitation de leurs usines, à leur choix. Sur ces avances, l'entrepôt retiendra le prix de la location de l'usine qu'il versera soit au gouvernement, soit aux particuliers (1).

2°. Cette Administration accordera des primes qui seront fixées par le Gouvernement pour les exploitations, et ces primes lui seront remboursées en rentes Africaines ; mais il faudra, avant tout, que les marchandises exportées et pour lesquelles on réclamera cet avantage, soient dans les meilleures conditions de qualités et d'aunage.

L'aspect de cet entrepôt sera celui d'un marché journalier où les étrangers pourront venir s'approvisionner sans avoir recours aux industriels et sans qu'il y ait concurrence de prix ; la seule concurrence possible reposera sur la qualité.

---

(1) Sans doute ceux qui viendront se mettre à la tête des usines que construira le gouvernement, seront des hommes d'intelligence, mais ils n'auraient point de capitaux suffisants pour exploiter des établissements d'une aussi grande importance ; ils ne pourront le faire qu'avec le secours de l'entrepôt général, ce secours ne peut leur être accordé qu'à la condition que l'emploi de ces capitaux sera surveillé par l'administration. C'est le moyen de les circonscrire dans leur opération naturelle et de les empêcher de servir à la spéculation.

Point de chômage, non plus pour les établissements industriels et certitude des placemens des produits à l'entrepôt.

D'un tel état de choses ressortiront pour l'agriculture et la fabrication Africaine tous les éléments de succès et de prospérité, et pour les ouvriers, un bien-être produit par un travail assidu, avantage qu'ils ne trouvent pas toujours dans la centralisation de nos capitales.

VI.

Administration de la vente des produits Algériens.

Ces produits agricoles, comme les produits manufacturiers, trouveront un débouché dans chaque bourg et seront vendus au compte des cultivateurs; ceux-ci n'auront donc qu'à s'occuper de produire, sans souci, de la vente; chaque bourg et chaque village se trouvera largement approvisionné et l'Administration du Gouvernement pourra elle-même pourvoir à ses besoins, sans passer par l'intermédiaire de fournisseurs qui s'enrichissent aux dépens des cultivateurs et de l'Etat.

VII.

Administration des usines agricoles.

La composition de cet établissement a déjà été, dans cet ouvrage, l'objet d'un chapitre particulier.

VIII.

Administration du Contentieux.

Apte à juger tous les différends et à passer les contrats, cette Administration serait chargée, par le gouvernement, de régulariser les ventes d'usines, de terrains de propriétés, etc., pour éviter les lentes formalités des Tribunaux.

Le siége de ces diverses Administrations sera à Paris ; elles correspondront avec les succursales d'Alger qui établira le même système administratif, selon les localités.

Chacune de ces Administrations sera composée de dix personnes, qui seront nommées par les conseils généraux des départements (¹). Elles se choisiront un président et elles auront un secrétaire.

Il y aura un conseil ordinaire composé :

____

(¹) Chaque département se trouvera ainsi, par ce fait, représenté dans ces différentes administrations.

De HUIT personnes spéciales nommées par les actionnaires et acceptées par le Gouvernement.

Et de SIX délégués des départements.

Ce conseil décidera les questions qui lui seront soumises par chacune des Administrations, et il pourra, ainsi que le Président de chaque conseil d'administration, réunir, quand besoin sera, toutes les sections en conseil général.

Le conseil ordinaire et le conseil général réunis, seront présidés par le gouverneur général ou les sous-gouverneurs, nommés par le Gouvernement.

Le Président du conseil des ministres aura le pouvoir de réunir le conseil général toutes les fois qu'il le jugera à propos, mais non sans un arrêté du Président de la République.

A l'exception du gouverneur et des sous-gouverneurs et de toute la bureaucratie, le conseil d'administration aura pour rémunération la moitié des benéfices après l'intérêt prélevé du capital qui sera employé.

FORMATION DU CAPITAL.

Une entreprise aussi importante ne peut être mise en œuvre qu'avec le secours de capitaux considérables ; pour se les procurer, il faut, avant tout, que l'établissement, pour la création duquel on les recherche, soit honoré de la faveur du Gouvernement ; que les hommes qui le dirigeront donnent par eux-mêmes une garantie de l'honneur et de la loyauté qui présideront à tous ses actes ; qu'il y ait pour les Gouvernements étrangers sécurité entière dans l'emploi des rentes Africaines qu'ils recevront en paiement des matières premières ou confectionnées, sortant de leurs magasins ; qu'il y ait enfin pour les actionnaires certitude absolue de voir leurs fonds prospérer.

Les bénéfices à partager entre l'Administration et les Actionnaires consisteront :

1°. Dans une commission de 5 p. % sur toutes les rentes Africaines négociées par le Gouvernement, et sur les avances et ventes faites par l'entrepôt et les sous-entrepôts ;

2°. Dans la moitié des bénéfices provenant de l'exploitation des mines et dans une commission de 5 p. % sur tous les approvisionnements faits pour le compte de l'Etat, et sur les pièces monétaires qui seront fabriquées;

3°. Dans un intérêt et une commission de Banque qui sera allouée à l'entrepôt sur toutes les sommes qu'il versera au Gouvernement;

4°. Dans un privilége dont jouira seul l'entrepôt d'émettre des billets qui auront cours forcé.

En cas de liquidation de l'entrepôt, tous les billets de Banque en circulation et qui n'auront cours forcé qu'en Afrique, seront remboursés en rentes Africaines *au pair,* et l'Etat se mettra à la place de l'entrepôt jusqu'à la concurrence des sommes avancées en rentes Africaines. Il jouira alors des mêmes bénéfices à l'égard des marchandises consignées, ainsi qu'à l'égard des prêts faits sur les marchandises et les propriétés.

Par ce moyen, le capital des actionnaires se trouve assuré et sert seulement de garantie aux négociations étrangères.

Le Gouvernement ayant d'ailleurs à sa discrétion l'émission des billets de Banque, peut à son gré augmenter ou diminuer leur nombre.

C'est ainsi que la puissance Africaine, prenant chaque jour un plus vaste développement, comprendrait dans ses prospérités toutes les peuplades voisines, jalouses d'obtenir le droit de cité et fières d'avoir aussi pris part à cette gloire Africaine qui aura été l'œuvre de la France.

Nous bornerons ici ces réflexions, peut-être déjà trop étendues; mais, avant de penser même à soumettre au Gouvernement un projet de *Société pour les usines agricoles et pour l'entrepôt en Afrique,* nous avons voulu voir comment cette proposition serait accueillie par l'opinion publique et par le Gouvernement.

Au moment de mettre sous presse nous voyons avec plaisir que M. le Ministre des finances semble partager quelques-unes de nos idées, en reconnaissant que la dette des travaux publics doit être une dette spéciale.

Paris , ce 8 Août 1849.